UN MAR DE SABIDURIA

UN MAR DE SABIDURIA

Reflexiones para la
vida diaria

El Dalai Lama
del Tíbet

árbol editorial

Título de la obra en inglés: *Ocean of Wisdom. Guidelines for Living*
Publicada por: Clear Light Publishers, Santa Fe, Nuevo Mexico

TRADUCCIÓN: Jane King y Elena Guardia
FOTOGRAFÍAS: Marcia Keegan, excepto pág. 52, de Yogui Ruge,
y pág. 90, de Helen Samuels
SÍMBOLOS Y LOTO DE PORTADA: Phuntsok Dorje
EDICIÓN: Márgara Clavé

Ésta es una coedición entre Árbol Editorial, S. A. de C. V.
y Casa Tíbet México

© 1989   by Su Santidad el Dalai Lama, Tenzin Gyatso
© 1991   Árbol Editorial, S. A. de C. V.
          Av. Cuauhtémoc 1430
          Mexico, D. F., CP 03310
          Tel. 688 48 28
          Fax 605 76 00

ISBN 968-461-042-4
Primera reimpresión
Impreso en México / *Printed in Mexico*

It gives me great pleasure that my book *Ocean of Wisdom, Guidelines for Living* is published for the first time in Spanish.

The message of this small book is simple, yet profound. The book contains basic principles for the development of peace, love, compassion and understanding, which are fundamental in the Buddist tradition.

Whether one believes in religion or not, these principles are Universal, and their understanding is important in our troubled times.

In our own Tibetan culture, now threatened with extinction in Chinese occupied Tibet, we believe that the achievement of human excellence is not only a positive ideal but a real possibility within a personal life time. It is in this spirit that the advice in this book is presented. If it is helpful to you, then please put some of these principles into practice. If you do not find it helpful, that is alright also.

I am happy to know that Casa Tibet Mexico, founded with the explicit purpose of presenting the Tibetan culture in the Spanish speaking world, is bringing out this book.

September 21st.1990.

Me complace mucho que mi libro se publique por primera vez en español.

El mensaje es simple, pero profundo. El libro contiene principios básicos para el desarrollo de la paz, el amor, la compasión y la comprensión, que son fundamentales en la tradición budista.

Sea que uno crea en la religión o no, estos principios son universales, y comprenderlos es fundamental en estos tiempos difíciles.

En nuestra cultura tibetana, hoy amenazada con la extinción en el Tibet ocupado por China, creemos que lograr la excelencia humana no sólo es un ideal positivo, sino también una posibilidad real en la vida de cualquier individuo. Los consejos de este libro están imbuidos de este espíritu. Si son útiles para ustedes, entonces por favor pónganlos en práctica. Si no, también es válido.

Me da gusto saber que Casa Tibet de México, fundada con el propósito específico de presentar la cultura tibetana al mundo de habla hispana, está difundiendo esta obra

PREFACIO

Tenzin Gyatso nació en el seno de una familia campesina en la provincia de Amdo, noroeste del Tibet en 1935. A la edad de 2 años fue reconocido por una comitiva gubernamental y de altos jerarcas de la Iglesia Lamaista Tibetana como la decimocuarta encarnación del linaje de los Dalai Lamas, líderes espirituales y temporales del Tibet. A la corta edad de cuatro años, tras aprobar exitosamente el complejo ciclo de pruebas necesarias para el reconocimiento de tal personaje, fue llevado a la ciudad de Lhasa, capital del Tibet, e instalado como el nuevo Dalai Lama.

Como consecuencia de la invasión de su país en 1950 por parte de la República Popular China, y el subsecuente levantamiento popular tibetano en contra del ejército de ocupación, el Dalai Lama, conjuntamente con más de 100,000 tibetanos abandonó el Tibet exiliándose en Dharamsala, India, para iniciar así el rescate de su amenazada cultura. Apresuradamente, supervisó la creación de un gobierno en exilio, la redacción de una nueva constitución democrática y el establecimiento de numerosas instituciones, las cuales servirían como cimiento de una nueva sociedad tibetana. Gracias a sus esfuerzos, trabajo y liderazgo, la población tibetana en exilio cuenta hoy con escuelas, hospitales, orfanatos, comunidades agrícolas, cooperativas, bibliotecas, centros artísticos, religiosos y culturales, diseñados todos con el expreso propósito de preservar y difundir el rico legado de la cultura tibetana.

En la actualidad, su cultura se ha preservado mejor en las comunidades exiliadas que dentro del Tibet. Los tibetanos como conjunto ven en el Dalai Lama el símbolo de la sobrevivencia de su sociedad e identidad cultural. Para el pueblo tibetano, Tenzin Gyatso es mucho más que un monje o político, es la encarnación del principio de la compasión universal, manifestada en el mundo con el propósito de ayudar a todos los seres sintientes.

A través de las décadas no ha perdido nunca la esperanza de lograr la justicia para su gente, inmersa en un proceso irreversible de genocidio. Su estrategia ha sido la de informar de una manera objetiva y precisa a la comunidad internacional acerca de la trágica realidad tibetana. No ha cesado de combatir a través de la paz y el diálogo la flagrante violación de los derechos humanos en el Tibet; es debido a esto y a su incansable labor por la defensa y promoción de los principios fundamentales de una mejor y más justa sociedad, que fue galardonado en diciembre de 1989 con el Premio Nobel de la Paz. Es así como Su Santidad el XIV Dalai Lama del Tibet ha trascendido los límites culturales y nacionales para convertirse una figura internacional.

Quizá el hecho de que todavía pueda conservar la risa y el buen humor, así como la compasión y el amor, incluso por los enemigos de su pueblo, es para mí un claro signo de un hombre que ha encontrado la paz interior.

Es para nosotros un placer presentar al público de habla hispana este simple pero profundo mensaje que tiene, de ser comprendido, la capacidad de transformar y liberar a los hombres de las ataduras de la ignorancia, la pasión y el odio.

Marco Antonio Karam
Presidente de Casa Tibet México

Mi mensaje es la práctica de la compasión, del amor y la bondad.

Estas cosas son muy útiles en nuestra vida diaria y para toda la sociedad. Su práctica es muy importante.

A donde voy, siempre aconsejo el altruismo y la bondad. Y desde mi lugar, concentro mis energías y mi meditación en el crecimiento de la bondad. Esto es esencial, Budadarma puro.

❂

La gran compasión es la raíz de todas las formas de veneración.

❂

Creamos o no en el renacimiento o en la religión, no hay quien no aprecie la compasión, la misericordia.

❂

Desde el momento en que nacemos dependemos de la bondad y protección de nuestros padres. Más adelante en la vida, cuando nos oprime la enfermedad y envejecemos, volvemos a depender del altruismo de los demás. Y ya que al inicio y al final de nuestra vida necesitamos de la bondad del prójimo, ¿cómo es posible que en el transcurso de ella no seamos igualmente generosos?

Si asumimos una actitud de humildad, crecerán nuestras cualidades. Mientras que si somos orgullosos, seremos presa de los celos, de la ira y veremos con desprecio a los demás. Y por ello reinará la infelicidad

La bondad es uno de los puntos fundamentales. Con ella, con el amor y la compasión, con estos sentimientos esenciales para la fraternidad, se alcanzará la paz interna. Estos sentimientos compasivos son la base de toda paz interior.

Con enojo, con odio, es muy difícil sentir paz interior. Este es el punto que los diferentes credos religiosos subrayan. En toda religión importante, la hermandad es lo esencial.

Aquellos que son buenos y serviciales son como nuestros padres. Podemos acrecentar este amor considerándonos miembros de la familia humana

en un mundo interdependiente, confiando en otros para nuestro bienestar. Al mismo tiempo, si tenemos un corazón cálido y amoroso tendremos más amigos. Nos sentiremos mejor. Esta puede parecer una motivación egoísta. Pero si somos egoístas con sabiduría, comprenderemos la necesidad de amar a los demás, cercanos o lejanos, incluyendo a nuestros enemigos. Es una forma de generar amor.

Nuestro enemigo es quien realmente nos puede enseñar a practicar las virtudes de la compasión y la tolerancia.

Las guerras surgen de la incapacidad para comprender nuestra humanidad común. En vez de reuniones cumbres, ¿por qué no se reúnen las familias en un día de campo, por ejemplo, y se conocen mientras juegan los niños?

En la antigüedad, la guerra era una confrontación de hombre a hombre. El vencedor de la batalla veía la sangre y el sufrimiento del enemigo vencido. Hoy en día es mucho más aterrador, ya que un hombre desde una oficina puede presionar un botón y matar a millones de personas sin ver jamás la tragedia humana que provocó. La mecanización de la guerra, la mecanización del conflicto humano, es una creciente amenaza para la paz.

Sabemos que si estallara una guerra nuclear no habría vencedores porque no quedarán sobrevivientes. ¿Acaso no es aterrador contemplar tal destrucción inhumana y sin corazón? ¿Y acaso no es lógico que debamos eliminar las causas de nuestra propia destrucción mientras las conocemos y tenemos el tiempo y los medios para hacerlo? A menudo, es imposible superar un problema porque ignoramos sus causas o carecemos del poder para eliminarlas. Sin embargo, éste no es el caso de la amenaza nuclear.

Por mucho, el peligro más grande que enfrenta la humanidad —y de hecho, todos los seres vivos del planeta— es la amenaza de la destrucción nuclear. No necesito ahondar en esto, pero quisiera apelar a todos los líderes de la potencias nucleares, quienes literalmente tienen en sus manos el futuro del mundo, a los científicos y a los técnicos que continúan creando estas impresionantes armas de destrucción y a toda la gente que está en posición de influenciar a sus líderes: lo apremio a ejercer su cordura y a empezar a trabajar en el desmantelamiento y la destrucción de todas las armas nucleares.

Los gobiernos de los Estados Unidos y de Rusia se reúnen y hablan con símbolos. Pasan el tiempo estudiando nimiedades políticas, el sentido detrás del sentido. ¿Por qué no dialogar sincera y directamente?

Siempre he creído que al final prevalecerá la verdad y la determinación humana encima de la violencia y la opresión. Hoy están ocurriendo cambios importantes en todo el mundo que podrían afectar profundamente nuestro futuro, al igual que el futuro de la humanidad y del planeta que compartimos. Valientes movimientos encabezados por grandes líderes han facilitado la resolución pacífica de los conflictos. Las esperanzas de paz, del mejoramiento ambiental y de un acercamiento más humano a los problemas mundiales, parecen ser más grandes que nunca.

✪

Cristianos y budistas comparten básicamente la misma enseñanza, la misma meta. El mundo se hace cada vez más pequeño, gracias a las buenas comunicaciones y a otros factores. Con este desarrollo, las diferentes culturas y fés también se acercan. Yo pienso que esto es muy bueno. Si entendemos las distintas formas de vida, de pensamiento, las diferentes filosofías y fés, contribuiremos a una mayor comprensión mutua. Al comprendernos, desarrollaremos respeto en forma natural. De este respeto surgirá una verdadera armonía y la capacidad para realizar esfuerzos conjuntos. Siempre he sentido que este desarrollo interno tan especial es muy importante para la humanidad.

✪

Nadie sabe lo que pasará en unas cuantas décadas o siglos; qué efecto adverso tendrá, por ejemplo, la deforestación en el clima, la tierra y la lluvia.

Tenemos problemas porque la gente se preocupa por sus intereses egoístas, por hacer dinero y no piensa en la comunidad como un todo. No piensan en la tierra ni en los efectos a largo plazo sobre el hombre. Si nosotros, la generación actual, no recapacitamos en este momento, probablemente las generaciones venideras no podrán hacerle frente a estos conflictos.

Bajo el sol radiante, nos reunimos muchas personas de distintas lenguas, formas de vestir, e incluso de diversas fés. Sin embargo, todos compartimos nuestra humanidad, todos pensamos en términos de "yo" y todos aspiramos a la felicidad y deseamos evitar el sufrimiento.

Sin embargo, de raíz, existen dos tipos de placer y de sufrimiento. Hay placeres físicos y mentales y hay sufrimientos físicos y mentales. Con el progreso material alcanzamos aquella felicidad que depende del cuerpo y eliminamos el sufrimiento que también depende del él. Pero, ¿acaso no es difícil deshacernos de todo el sufrimiento a través de medios externos? Por lo tanto, hay una gran diferencia entre buscar la felicidad a través de las cosas materiales y buscarla en nuestro pensamiento. A pesar de que el sufrimiento básico es el mismo, la gran diferencia reside en la manera en que lo experimentamos, dependiendo de nuestra actitud. Por ello, la actitud mental es muy importante para la forma en que experimentamos nuestra vida.

Una mente lúcida, un buen corazón, sentimientos cálidos, son las cosas más importantes. Si no se tiene una buena mente, no se podrá funcionar. No podremos ser felices, tampoco lo serán nuestra familia, nuestra pareja, nuestros hijos o nuestros vecinos.

Y así, de nación a nación y de continente a continente, la mente de todos se trastorna, la gente pierde la felicidad. Pero por otro lado, con una buena actitud, una mente sana, un buen corazón, lo contrario será verdad.

Por lo tanto, en la sociedad humana, el amor, la compasión y la bondad son lo más importante. Son realmente valiosos y son muy necesarios en nuestra vida. Vale la pena hacer un esfuerzo para desarrollar esta clase de corazón bondadoso.

Nuestras armas son una mente en calma, la meditación y la sabiduría. La sabiduría es como la bala o la munición, mientras que la mente serena es como el arma que dispara.

Así como cuando luchamos contra el sufrimiento externo tenemos que sufrir, así también en cualquier batalla interna existe el dolor interior. Por lo tanto, la religión es algo íntimo sobre lo cual debemos reflexionar.

❂

No es necesario subrayar la gran diferencia que existe entre la satisfacción de un solo individuo al estar feliz y aquella producida por un infinito número de personas que son felices.

Si para una sola persona es difícil soportar el sufrimiento, ¿es necesario decir que a nadie le gusta sufrir? Por lo tanto, es un error utilizar a los demás para nuestro beneficio: más bien, uno debe emplearse en beneficio de los demás. Uno debería utilizar toda la capacidad del cuerpo, del lenguaje y de la mente para el beneficio común. Eso es lo correcto. Así pues, es necesario generar una mente altruista y desear que el bienestar de todos aumente mediante el logro de la felicidad y la eliminación del sufrimiento.

Es gracias a los seres sintientes que uno primero genera este anhelo altruista de lograr la iluminación más alta y es en relación a ellos que se realizan los actos del sendero para alcanzar la emancipación y es en su beneficio que se obtiene la budeidad. Por ende, los seres sintientes son el objeto de observación, el fundamento de todo este maravilloso desarrollo. En consecuencia, son más importantes que la joya misma que satisface todos los deseos y deben ser tratados con respeto y bondad.

Al comprender que básicamente todos los seres humanos somos hermanos, podemos apreciar la utilidad de los diferentes sistemas e ideologías que funcionan para distintos individuos y grupos con diversas inclinaciones y tendencias. Para algunas personas bajo determinadas circunstancias, una cierta ideología o herencia cultural es más útil que otra. Cada quien tiene el derecho de elegir lo que le resulte más apropiado. Es un trabajo personal y se basa en el entendimiento profundo de que todos somos hermanos.

En la profundidad de nuestro ser debemos sentir verdadero aprecio por el otro, una clara comprensión o reconocimiento de nuestra humanidad común. Al mismo tiempo, debemos aceptar abiertamente todas las ideologías y sistemas como medios para resolver los problemas de la humanidad. Un país, una nación, una ideología, un sistema, no son suficientes. Es útil tener una variedad de propuestas, siempre basadas en el profundo sentimiento de igualdad humana. Entonces podremos hacer un esfuerzo conjunto para resolver los problemas de toda la humanidad. Los conflictos que la sociedad enfrenta en términos de desarrollo económico, crisis energética, tensión entre naciones pobres y ricas y muchos problemas geopolíticos se pueden resolver si comprendemos nuestra humanidad común y fundamental, si respetamos nuestros derechos, si compartimos nuestros problemas y sufrimientos y entonces hacemos un esfuerzo conjunto.

Aunque no podamos resolver ciertos problemas, no lo lamentemos. Nosotros como humanos debemos enfrentar la muerte, la vejez y las enfermedades, así como los desastres naturales como los huracanes, que están fuera de nuestro control. Debemos enfrentarlos: no podemos evitarlos. Pero estos sufrimientos son suficientes —¿por qué hemos de crear más problemas por nuestras ideologías, tan solo diferentes formas de pensar? ¡Que inútil! ¡Es triste! Miles y miles de personas sufren por esto. Tal situación es ridícula ya que podemos evitarla adoptando una actitud diferente, apreciando la humanidad básica a la cual, supuestamente, las ideologías deben servir.

Según la psicología budista, la mayoría de nuestros problemas se deben a un deseo apasionado y al apego a las cosas que percibimos equivocadamente como entidades permanentes. En el empeño de conseguir estos objetos de nuestro deseo empleamos la agresión y la competencia como herramientas supuestamente eficaces. Estos procesos mentales fácilmente se traducen en acciones que engendran, obviamente, beligerancia. Tales procesos han operado en la mente humana desde tiempo inmemorial, pero su ejecución es más eficaz en las condiciones actuales. ¿Qué podemos hacer para controlar y regular estos "venenos"— el engaño, la avaricia y la agresión? Ya que son ellos los que están detrás de casi todos los problemas en el mundo.

Nuestro enojo, nuestro orgullo, etc., obstaculizan el desarrollo de una actitud altruista. La dañan. La perjudican. Por lo tanto, cuando estas emociones se producen, uno no debería permitirles continuar creciendo, sino por el contrario, valiéndonos de sus antídotos, detenerlas.

El enojo, el orgullo, la competencia, etc., son nuestros verdaderos enemigos. Y ya que no existe quien nunca se haya enojado en algún momento, podemos entender basados en nuestra propia experiencia, que no se puede ser feliz con una actitud de ira.

¿Acaso existe algún doctor que recete el enojo para tratar alguna enfermedad? ¿Qué doctor dice que a través del enojo se puede ser más feliz?

Enojo, odio, celos — no es posible encontrar paz con ellos. Con la compasión, con el amor, podemos resolver muchos problemas y alcanzar la verdadera felicidad, el auténtico desarme.

Una de las cosas más importantes es la compasión. No la podemos comprar en uno de los grandes almacenes de Nueva York. No la podemos producir con una máquina. Pero sí con el desarrollo interior. Sin paz interna, es imposible alcanzar la paz mundial.

❂

Ahora diré algo acerca de cómo desarrollar esta compasión.

Primero, es importante comprender que entre ustedes y los demás, los otros son más importantes, porque son mucho más numerosos.

Si utilizamos nuestra imaginación para algo más que la mera invención, ésta puede ayudarnos con gran eficacia a entender ciertas cosas. Imaginen que de un lado está un grupo compuesto por todos los seres, por un número infinito de ellos. Y en el otro, un grupo compuesto únicamente por ustedes, solos, egoístas.

Ahora piensen como una tercera persona. Si piensan correctamente, ¿escogerían al hombre solitario, egoísta, obien se inclinarían por los innumerables otros? Naturalmente, se sentirían más próximos a los otros, por el número infinito que presentan.

Pero ambos son igualmente humanos. Los dos aspiran a la felicidad. La única diferencia está en la cantidad. Si ésta hace la diferencia, entonces ustedes naturalmente, se unirán a este grupo.

De esta forma pueden ver que los demás son mucho más importantes que ustedes y que toda su capacidad podría utilizarse en beneficio de los otros.

El amor es una condición humana activa. Al surgir ciertos problemas, sentirán enojo, tal vez odio. Para practicar la tolerancia, primero es necesario controlar la ira. Quizás algunas personas piensen que es mejor expresarla que dominarla. Pero desde nuestro punto de vista existen dos tipos de conceptos, uno de los cuales es preferible controlar. Una clase de concepciones consiste en pensamientos que conducen a la depresión, etc. En este caso el expresarlos definitivamente ayuda. Sin embargo, existe otra clase completamente diferente de concepciones, como el odio y el amor, que una vez expresados, no se agotan sino que aumentan. Podemos enteder por experiencia propia, que cuando se generan el deseo, el odio, etc., es posible observarlos y buscar técnicas para disminuirlos. A través de mi propia y directa experiencia, se los puedo demostrar. Si controlamos nuestro enojo, el cual podemos transformar y si, por otro lado, pensamos en la importancia del bienestar de los demás y así practicamos, entonces podremos lograr estas buenas actitudes.

En última instancia, como ven, esta práctica es para nuestro propio beneficio. Si verdaderamente somos egoístas, sabiamente egoístas, esta práctica nos dará auténtica serenidad y con calma y paz interior podremos manejar más fácilmente nuestros problemas.

En nuestra vida, la tolerancia es muy importante. Con ella podemos superar los problemas con facilidad. Si se tiene poca o nula paciencia, entonces hasta lo más insignificante nos irritará. Reaccionaremos exageradamente ante cualquier dificultad. En mi experiencia he tenido muchos sentimientos y me he cuestionado bastante, dándome cuenta de que la tolerancia es algo que toda sociedad debe practicar.

Pero ¿quién nos enseña a ser tolerantes? En ocasiones, son nuestros hijos los que nos enseñan la paciencia, pero siempre es nuestro enemigo quien nos enseña la tolerancia. Nuestro enemigo es, entonces, nuestro verdadero maestro. Si lo respetamos en vez de odiarlo, desarrollaremos la compasión. Esta es la auténtica compasión, cimentada en una visión cabal.

Por lo general somos benevolentes con los miembros de nuestra familia. Esta bondad se inspira en el cariño, en el deseo. Por ello, cuando el objeto de nuestra compasión cambia de aspecto y se transforma en algo desagradable, entonces nuestros sentimientos también cambian. Esta clase de compasión o de amor no es la correcta. Por lo tanto, es necesario desde el principio disciplinarnos para adquirir actitudes correctas.

Desde cualquier punto de vista, todos somos iguales en aspirar a la felicidad y tratar de evitar el sufrimiento. Pero ustedes son solamente uno y los demás son infinitos en número. Por lo tanto, ellos son más importantes que ustedes.

Cuando se dice que debemos tener paciencia y tolerar nuestros problemas, ello no significa que nos debamos sentir derrotados o vencidos. El propósito mismo de comprometerse con la práctica de la paciencia es fortalecer la mente y el corazón. También deseamos permanecer en paz. En esta atmósfera de serenidad, podemos aprender de todos los seres humanos la verdadera sabiduría. Si perdemos la paciencia y las emociones avasallan nuestra mente, habremos perdido entonces la capacidad analítica. Pero si somos pacientes, basándonos en una actitud altruista, no perderemos nuestra fuerza mental; podremos incrementarla y uitilizar este poder de análisis para encontrar la forma de superar las fuerzas negativas que se nos oponen. Pero esta es otra cuestión.

Las facilidades y los avances materiales son muy necesarios para una sociedad, un país, una nación. Son absolutamente necesarios. Al mismo tiempo, el progreso y la prosperidad material por sí solos no pueden producir la paz interna; ésta debe surgir del interior. Por lo tanto, mucho depende de nuestra actitud hacia la vida, hacia los demás y en particular hacia los problemas. Cuando dos personas se encuentran ante la misma conflictiva, debido a su actitud mental, será más fácil para una de ellas enfrentar el conflicto. Como ven, es el punto de vista interno el que hace la diferencia.

✵

Si utilizamos nuestra conciencia más sutil, podremos usar nuestra mente para un mayor número de cosas. Es así que las cualidades que comienzan en la mente pueden aumentarse ilimitadamente.

✵

Cuando uno es generoso con la intención de recibir algo a cambio, de obtener una buena reputación, o de ser aceptado, si la motivación es egoísta, entonces no estamos actuando como un bodisatva*. Por lo tanto, la mente concentrada nos señala como el único objetivo el servicio a los demás.

*Un ser iluminado que dejando a un lado su propia budeidad total, se dedica a ayudar a otros a alcanzar la liberación.

La compasión y el amor son cosas preciadas en la vida. No son complicadas. Son sencillas, pero difíciles de practicar.

La compasión puede practicarse si uno reconoce que cada ser humano es un miembro de la familia humana a pesar de las diferencias de religión, cultura, color y credo. En el fondo, no hay diferencias.

Ya que todos pertenecemos a este mundo, debemos tratar de adoptar universalmente una buena actitud, un sentimiento positivo por nuestros hermanos y hermanas. En mi caso particular, nosotros los tibetanos estamos luchando por nuestros derechos. Algunos dicen que la situación tibetana es meramente política, pero yo no lo siento así. Los tibetanos tenemos una herencia cultural única y distinta, tal como la tienen los chinos. No los odiamos; respetamos profundamente las riquezas de su cultura que se extiende a lo largo de tantos siglos. A pesar de sentir un gran respeto y de no ser anti-chinos, nosotros, seis millones de tibetanos, tenemos el mismo derecho a conservar nuestra cultura mientras no dañemos a nadie. En lo material estamos atrasados, pero en cuestiones espirituales

—en términos del desarrollo mental— somos bastante ricos. Somos budistas, y la forma de budismo que practicamos es de hecho muy completa. A éste también lo hemos mantenido activo y vivo.

En el siglo pasado fuimos una nación pacífica con una cultura única. Ahora, desafortunadamente durante las últimas décadas, esta nación y esta cultura están siendo deliberadamente destruidas. Nosotros amamos nuestra cultura, nuestra tierra; tenemos el derecho a preservarlas.

Estoy luchando por nuestra causa con la motivación de servir a la humanidad, no por razones de poder ni por odio. No sólo como tibetano sino como ser humano, siento que vale la pena conservar esta cultura, esta nación, para contribuir con ella a la sociedad mundial. Es por esto que persisto en nuestro movimiento, y aunque algunas personas lo vean como una cuestión exclusivamente política, yo sé que no lo es.

Tenemos gran esperanza en que la actitud general de la República Popular China cambie pero, por experiencia, debemos ser precavidos. No lo digo con el afán de criticar sino porque es un hecho. Al estudiar bien la situación, uno puede decidir por sí mismo si lo es o no; el tiempo lo dirá.

Los seres humanos tenemos un cerebro desarrollado y un potencial ilimitado. Si los animales salvajes pueden ser entrenados con tiempo y paciencia, con mucha más razón la mente humana puede ser desarrollada paso a paso. Si realizan estas prácticas con paciencia, lo podrán comprobar en carne propia a través de su propia experiencia. Si alguien que se enoja con facilidad intenta controlar su enojo, con el tiempo lo logrará. Sucede lo mismo con el egoísmo; al principio uno debe reconocer las limitaciones de una motivación egocéntrica y el beneficio de ser menos egoísta. Habiéndolo comprendido, uno lo practica tratando de controlar el aspecto negativo y de desarrollar el positivo. Con el paso del tiempo, la práctica se puede volver muy eficaz. Esta es la única alternativa.

✿

Sin amor, la sociedad se encuentra en un estado muy crítico; sin él, en el futuro nos enfrentaremos a graves problemas. El amor es el centro de la vida humana.

✿

Yo creo que toda religión importante —budismo, cristianismo, confucionismo, hinduismo, islamismo, jainismo, judaismo, sikhismo, taoísmo, zoroastraismo— tiene ideas similares de amor, la misma meta de beneficio para la humanidad a través de la práctica espiritual y el mismo efecto de convertir a sus seguidores en mejores seres humanos. Todas las religiones enseñan preceptos morales para perfeccionar las funciones de la mente, el cuerpo y la palabra. Todas nos enseñan a no mentir, no robar, no matar, etc. La meta común de todos los preceptos morales enseñados por los grandes maestros de la humanidad es vivir sin egoísmo. Los grandes maestros querían alejar a sus seguidores de las actitudes negativas provocadas por su ignorancia e introducirlos al camino de la bondad.

Viajamos al espacio exterior gracias al desarrollo de la tecnología moderna. Sin embargo, existen muchas cosas sobre las cuales todavía debemos reflexionar con respecto a la naturaleza de la mente, cuál es su núcleo substancial y cuál es su condición de corroboración, por ejemplo. Se pueden dar muchos consejos, muchos preceptos, pero la verdadera intención de todo esto es el amor y la compasión. Dentro de la doctrina budista existen varias técnicas muy poderosas capaces de hacer avanzar a la mente hacia el amor y la compasión.

❁

Se dice que nuestro enemigo es nuestro mejor maestro. Al estar con un maestro, podemos aprender la importancia de la paciencia pero no tenemos ninguna oportunidad real para practicarla. La verdadera práctica surge al encontrarnos con un enemigo.

❁

Si entendemos la unidad de la humanidad, entonces comprenderemos que las diferencias son secundarias. Con una actitud de respeto e interés por los demás, podemos sentir una atmósfera de felicidad. Así podemos crear una verdadera armonía, una auténtica fraternidad. A través de nuestra propia experiencia debemos tratar de ser pacientes. Podemos cambiar nuestra actitud. Si practicamos constantemente, podremos cambiar. La mente humana tiene ese potencial —aprendan a entrenarla.

❁

Si sentimos amor y compasión por todos los seres vivos, especialmente por nuestros enemigos, conoceremos la verdadera naturaleza de estos sentimientos. El amor y la compasión que sentimos por nuestros hijos no son, en esencia, la verdadera bondad. Es apego. Y ese tiempo de amor no puede ser infinito.

*

Creo que gracias al arte y a la cultura tibetana muchos turistas visitan nuestras colonias en India y Nepal, para conocernos. Al principio, nosotros mismos no notábamos ciertas cosas, cierta manera de pensar, pero estos visitantes después de su estancia decían, "ustedes los tibetanos llevan una vida honesta y feliz —a pesar de su sufrimiento. ¿Cuál es su secreto?"

No hay secreto. Pero para mí mismo pensé: nuestra cultura se basa en la compasión. Estamos acostumbrados a pensar todo el tiempo, siempre: "Todos los seres sintientes son nuestros padres y madres." Incluso alguien con la apariencia de un rufián o de un ladrón tiene en su mente, "Todas las madres, todos los seres sintientes." Así que yo mismo practico esta forma de pensar. Creo que este es el origen de la felicidad.

43

En cuanto al vehículo del bodisatva, toda práctica se fundamenta en la motivación básica de buscar concientemente la iluminación del Buda para beneficio de todos los seres vivos, movidos por el amor y la compasión y alcanzada a través de la práctica de las Seis Perfecciones.

*

Algunos de ustedes tal vez crean que perderán su independencia si no permiten que su mente divague por donde quiera, si la controlan. Sin embargo, no es así.

Si nuestra mente trabaja adecuadamente, tenemos ya la opinión correcta. Pero si no es así, entonces definitivamente es necesario ejercer el control.

Si nos preguntamos, "¿Es posible deshacernos por completo de las emociones que nos afligen, o es necesario reprimirlas en el instante?" la respuesta, desde la perspectiva budista, es que la naturaleza convencional de la mente es de una clara luminosidad. Y desde el punto de vista ulterior, también presenta esta naturaleza. Por lo tanto, desde un punto de vista convencional, estas emociones que disturban son definitivamente ajenas y se pueden eliminar totalmente.

La obscuridad interior, que llamamos ignorancia, es la raíz del sufrimiento. A mayor luz interior, menos obscuridad. Esta es la única forma de alcanzar la salvación o el *nirvana*.

*

Hoy en día, el mayor problema de la sociedad son los derechos humanos. Por medio de una tecnología científica altamente desarrollada, podemos resolver cualquier problema material, como la pobreza, la enfermedad, etc., pero al mismo tiempo, debido a esta misma tecnología, creamos más temor y más deseo. Por ejemplo actualmente tememos una repentina explosión atómica en el mundo. Este tipo de cosas se han vuelto una realidad.

Como ven, si tememos a cosas como la posible destrucción por una bomba atómica, sufriremos mucho a menos que tengamos paz interior. Además del sufrimiento humano común, existe una constante amenaza que aumenta nuestro temor. Por ello necesitamos más que nunca las enseñanzas de bondad y los sentimientos de fraternidad.

Para poder vivir juntos en este planeta, es necesaria la bondad y una atmósfera generosa en vez de una de enojo. Para resolver los problemas, se requiere un ambiente cálido. Aunque difieran en varios factores socio-religiosos, la meta común de todas las religiones es crear esta paz interior.

Necesitamos tener claro que la meta fundamental de todas las religiones es la misma. Ya que la intención de todas ellas es entrenar la mente para hacernos mejores personas, necesitamos encauzar toda práctica religiosa hacia la curación de la mente. No es bueno y de hecho es muy desafortunado, utilizar estas prácticas y doctrinas diseñadas para el bienestar de todos los seres, como un motivo de prejuicio. Es entonces realmente importante que no seamos sectarios. Como budistas, debemos respetar a los cristianos, a los judíos, a los hindúes, etc. Tampoco entre budistas debe haber distinciones entre por ejemplo los theravadas y los del gran vehículo, etc.; todos somos iguales pues tenemos al mismo maestro. Si nos dividimos más, bajo la influencia de prejuicios del oscurantismo, no acabaremos nunca. Por lo tanto, necesitamos reconocer que estas doctrinas religiosas están diseñadas para entrenar la mente y utilizarlas para eso.

❂

Los principios contenidos en las escrituras theravada giran alrededor de la sabiduría, la ausencia del ego y la práctica de la meditación, que incluye desarrollar las treinta y siete armonías de la iluminación. Estas verdades se basan en el esfuerzo de no herir a otros, es decir, en la compasión.

Para poder valorar mejor a los demás, es importante, primero, reflexionar en el error de valorarnos a nosotros mismos y en la cualidad de apreciar a otros. Si estimamos a los demás, entonces nosotros y los otros, profunda y superficialmente, seremos felices. Sea en términos de familia o de la familia de naciones en el mundo, si adoptamos una actitud de aprecio de los demás como la base principal de nuestra política, tendremos éxito en nuestro esfuerzo común. Casi todas las cosas buenas que suceden en el mundo nacen de una actitud de aprecio por los demás.

Lo contrario también es cierto. Cuando nos valoramos por encima del otro, superficial y profundamente, provocamos varios tipos de sufrimiento, en nosotros y en los que nos rodean. Por lo tanto, necesitamos hacer un esfuerzo en la raíz de esta bondad, es decir, de este buen corazón, de este corazón cálido.

Consideremos —si deseamos acrecentar esta actitud correcta— que el tipo de cercanía que tenemos con nuestros amigos es muy menor en calidad y no se puede prolongar por siempre. Entonces, tenemos que cambiarla, incrementarla y extenderla. Ahora bien, nosotros, nuestros amigos y todos los seres vivos, deseamos la felicidad y no el sufrimiento. En esto todos somos iguales. Y tanto ustedes como los demás tienen derecho a eliminar el sufrimiento y a obtener la felicidad. Bajo esta igualdad, yo sólo soy uno, mientras que los demás son infinitos en número.

Las muchas escrituras que presentan las enseñanzas de Buda se incluyen en tres colecciones escriturales. ¿Cómo es que todas estas enseñanzas están contenidas en tres colecciones? Es porque el Buda expuso los tres entrenamientos. Los tres entrenamientos están incluidos en tres colecciones porque cada una sirve como medio para expresar uno de estos entrenamientos. ¿Cuáles son estos tres entrenamientos? El entrenamiento ético, que trata del comportamiento humano. Después está el entrenamiento de la meditación estabilizadora, que explica cómo meditar. En realidad el Darma se practica por medio del cuerpo, la palabra y la mente, pero principalmente por medio de la mente. Uno necesita controlarla. Es necesario tener una mente fuerte, concentrada. Por lo tanto, debemos desarrollar la serenidad mental. Hacemos el esfuerzo de obtener la sabiduría porque no deseamos el sufrimiento y para deshacernos de él necesitamos de la inteligencia que sabe discriminar entre lo bueno y lo malo, etc. Por lo tanto, necesitamos la sabiduría.

Las escrituras que toman estos tres como los temas principales de su enseñanza son, respectivamente, la colección escritural de la disciplina, la de la serie de los discursos y la del conocimiento. El entrenamiento ético trata del comportamiento, el de la meditación estabilizadora se refiere a la meditación; el de la sabiduría a la visión. He ahí la triada: visión, conducta y meditación. Las escrituras establecen un método mediante el cual nuestra visión, nuestra conducta y nuestra meditación no caigan en ninguno de los dos extremos.

Las escrituras sobre la disciplina establecen normas de conducta tanto para legos como para monjes y monjas. En cuanto a la disciplina, prohíben el extremo de tener ropa, comida, casa, etc. excesivamente lujosos. Buda también prohibió el extremo del flagelo, de ayunos excesivos, del uso de vestimentas a tal grado inadecuadas que nos provoquen sufrimiento. Por lo tanto, logramos una conducta correcta al no caer en ninguno de los dos extemos. Como dijo Shantideva en *El camino del bodisatva*, "Lo más importante es considerar la situación; qué requiere la misma."

Cuando uno pone en práctica estos preceptos, necesita considerar lo que se debe hacer y con qué propósito. Por ejemplo, a los monjes y monjas se les prohíbe comer después de las 2:00 p.m. Sin embargo, hay excepciones: por ejemplo, si una persona está enferma y necesita comer porque de lo contrario empeora. De igual manera, tampoco está permitido mentir. Supongamos que alguien que ha hecho el voto de decir la verdad estando en el bosque ve a un animal corriendo en cierta dirección. Entonces viene el cazador y le pregunta hacia dónde se fue el animal. Tiene prohibido mentir; sin embargo, se trata de salvar la vida del animal. Por lo tanto, en ese momento, la persona que ha hecho el voto puede decir, "Realmente no vi nada," o "Vi algo entre los árboles." Como vemos, uno tiene que tomar en cuenta qué es lo que está prohibido, el probable beneficio de una transgresión y hacer lo que sea más benéfico.

Con respecto a la meditación, si por ejemplo, nuestra mente cae bajo la influencia de factores incompatibles con la estabilidad meditativa, como la excitación o la flojera, entonces hemos caído en un extremo. El propósito de superar las distracciones del sopor o de la excitación es el de capacitar a nuestra mente para meditar sobre la forma en que en realidad existen los fenómenos y así poder cultivar una visión verdadera. Pero si uno, habiendo trascendido estos obstáculos solamente cultiva un estado no conceptual, entonces ha caído en otro extremo y ese estado no conceptual sólo nos conducirá a otro renacimiento en la existencia cíclica, en un reino más elevado.

En términos generales, esta es la manera de evitar los dos extremos —a través de los efectos de la meditación.

Cuando uno explica la visión, lo hace en términos de las dos verdades. A veces se les denomina como la apariencia y el vacío. Todos los sistemas, budistas o no, tratan de evitar en su visión, los dos extremos del eternalismo y el nihilismo: los santyas, los vedantas, o dentro del budismo, los vaibhasikas, los sautrantikas, los chittamatrins, y los madhyamikas.

Por ejemplo, dentro de los mismos sistemas budistas, desde el punto de vista específico de cada uno de ellos, según su propia mentalidad, se ha establecido una visión que evita los dos extremos. Sin embargo, cuando su visión se analiza con un razonamiento sutil, las escuelas superiores encuentran que las inferiores han caído en los extremos del eternalismo o del nihilismo. Luego, ¿cómo es posible que las escuelas superiores puedan rebatir a las inferiores, si las dos están basadas en enseñanzas budistas?

En el sistema budista, el Buda expuso las cuatro confianzas: No confíen en la persona; confíen en la doctrina. No se puede decir que una doctrina sea válida sólo porque la persona que la enseña es maravillosa. Más bien, la confiabilidad de esa persona debe ser comprobada mediante la confiabilidad o ausencia de ella en la doctrina que enseña.

Luego, con respecto a la doctrina, uno no debe confiar en la eufonía de las palabras sino buscar su significado profundo. En relación a las enseñanzas, no debemos confiar en su interpretación sino en el significado definitivo. Y respecto al significado, uno no debe confiar en la conciencia engañada o afectada por la percepción dual, sino en una conciencia de sabiduría exaltada, libre de apariencias duales.

Por lo tanto, el maestro, el mismo Buda, dijo, "Oh monjes y monjas, no acepten mi enseñanza sólo por el respeto que me tienen; deben analizarla como un orfebre analiza el oro, raspándolo, cortándolo, y fundiéndolo." Por eso, aunque Buda mismo expuso varios medios para distinguir entre sus propias escrituras —las que son definitivas de las que se pueden interpretar, es a través del razonamiento que debemos determinar cuáles son definitivas y cuáles son interpretables.

De este modo, todo el sistema completo nos muestra, mediante un razonamiento cada vez más sutil, cómo dos de los sistemas inferiores caen en ambos extremos. ¿Cómo los evitan en el sistema madhyamika? Evitan el extremo de la permanencia al mantener clara la visión de que los fenómenos no existen por derecho propio. Y sabiendo cómo presentar todas las acciones, los objetos de la existencia cíclica, y el *nirvana* —cómo presentar todo fenómeno en el contexto de su existencia no inherente pero sí convencionalmente válida— evitan el extemo de la no existencia y el nihilismo.

Es en verdad la mente la que ve el modo real en el que existen los fenómenos. La mente es el antídoto para aquellas conciencias sin dirección que perciben equivocadamente la naturaleza de los fenómenos. Cuando uno pone fin a esta ignorancia, puede deshacerse del deseo, del odio, etc., producidos por esta misma ignorancia. Al detener este proceso, cesa la acumulación de acciones contaminadas, o *karma*. A través de su cesación uno termina con el nacimiento. Al no haber nacimiento, no hay sufrimiento. Esta sabia disciplina solamente la puede alcanzar la mente; por eso es necesario que esté entrenada. Pero antes de educarnos en la sabiduría, es necesario adiestrarnos en la meditación estabilizadora.

Creo que la esencia de la vida espiritual son nuestros sentimientos, nuestra actitud hacia los demás. Con una motivación sincera y pura, el resto llega por añadidura. Esta actitud correcta se desarrolla sobre la base de la bondad, el amor y el respeto y con la clara realización de la unidad que formamos todos los seres humanos. Esto es importante porque así todo lo que hagamos beneficiará a los demás. Con un corazón puro, podemos realizar cualquier trabajo —como agricultor, como ingeniero, mecánico, doctor, abogado, o maestro— y la profesión, entonces, se convierte en un verdadero instrumento para ayudar a la comunidad humana.

❂

Creo en la justicia y en la determinación humana. A lo largo de la historia se ha comprobado que la voluntad humana es más poderosa que las armas. También en el caso tibetano; nuestra nación tiene más de dos mil años de experiencia en su relación con China, con la India y con Nepal, con Mongolia Exterior y con otras comunidades.

Por lo tanto, aunque para nosotros este sea el momento más difícil de nuestra historia, creo con firmeza que el pueblo tibetano, su cultura y su fe van a sobrevivir y una vez más prosperarán. Esto es lo que siempre he creído.

❂

Los budistas creen en el renacimiento sin comienzo. De modo que ciertos malos *karmas* que tal vez no se crearon en una cierta vida pueden haberse generado en otra. Tampoco es necesario haber acumulado malos *karmas* en un tiempo o en un lugar. Diferentes seres en diferentes tiempos y lugares pueden haber acumulado la misma cantidad de *karma*. Entonces nacen en un momento y en un lugar determinado. El sufrimiento que viven es el resultado de su efecto kármico común.

Hoy tenemos un clima maravilloso; lo estamos gozando juntos en un lugar y al mismo tiempo. Pero el *karma* que nos dio esta oportunidad lo pudimos haber acumulado en lugares diferentes. Sin embargo el resultado es que todos lo estamos viviendo juntos en este momento y en este lugar. No es necesario que por vivir la misma experiencia ahora, hayamos tenido que crear la causa de este momento en particular en un lugar conjuntamente.

Deben practicar la bondad y seguir las enseñanzas. Pero al mismo tiempo, si siempre practican la tolerancia y la compasión, a veces habrá quien abuse de ustedes. En tales momentos, sin perder su calma y su compasión interior, pueden actuar de alguna manera para evitar que eso suceda. Esto es práctico. También hay que evitar el extremo de permitir el abuso. En todo momento es necesario evadir los dos extremos. Es como tener mucha hambre y atragantarse.

Dentro de cada nación debe reconocerse el derecho inalienable del individuo a la felicidad y entre las diferentes naciones también debe existir la preocupación por el bienestar hasta de la nación más pequeña. No estoy sugiriendo que un sistema sea mejor que otro y que todos deban adoptarlo. Al contrario, es deseable una variedad de sistemas e ideologías políticas para enriquecer la comunidad humana, siempre y cuando la gente sea libre de determinar su propio sistema político y socioeconómico. Si a la gente de los países pobres se le niega la felicidad que desea y que merece, naturalmente estará insatisfecha y causará problemas a los ricos. Si una nación continúa imponiendo a otra sus formas sociales, políticas, y culturales es dudoso que alcancemos la paz mundial.

Los problemas más difíciles en el mundo que en gran parte surgen de las sociedades más desarrolladas, nacen de la exagerada importancia que se da a las recompensas del progreso material que ha puesto en peligro los aspectos de nuestra herencia común que en el pasado inspiraron a los seres humanos a ser honestos, altruistas y espiritualmente maduros. Es claro para mí que el desarrollo material por sí sólo no puede reemplazar a los viejos valores espirituales y humanistas a los cuales se debe el progreso de la civilización mundial tal como hoy la conocemos. Debemos tratar, yo siento, de llegar a un equilibrio entre el crecimiento espiritual y el material. He oído muchas quejas de los occidentales acerca del progreso material; sin embargo, paradójicamente, este progreso ha sido el orgullo del mundo occidental. De hecho, no veo nada malo en el progreso material *per se*, siempre y cuando el hombre tenga prioridad sobre sus creaciones. Aunque la sabiduría material ha contribuido enormemente al bienestar humano, no es capaz de crear felicidad duradera. En los Estados Unidos, donde el desarrollo tecnológico es posiblemente más avanzado que en cualquier otro país, todavía hay mucho sufrimiento mental. Esto se debe a que el conocimiento material sólo puede ofrecer el tipo de felicidad que depende de las condiciones físicas; no proporciona la felicidad que surge del desarrollo interno, independiente de factores externos.

Debe haber un equilibrio entre el progreso material y el espiritual, logrado a través de principios fundamentados en el amor y la compasión. El amor y la compasión son la esencia de toda religión.

Todas pueden aprender unas de otras; su meta ulterior es crear mejores seres humanos, más tolerantes, más compasivos y menos egoístas.

Si toda nuestra energía y todo nuestro pensamiento se concentran en la riqueza y en los bienes materiales (todo lo cual es parte de esta vida), tendremos un beneficio máximo de cien años. Más allá de eso no habrá nada.

"Vacío" significa carencia de ego, existencia no inherente, ausencia de una existencia inmanente. Es como el cero; el cero en sí es cero, nada. Pero es algo; sin el cero no podemos tener 10 ni 100. Es lo mismo con el vacío: es vacío; pero al mismo tiempo es la base de *todo*. En otras palabras, no podemos encontrar ninguna *cosa*. Sólo encontramos el vacío.

En cuanto a su naturaleza, las cosas no existen como aparentan. Puesto que algo existe, un objeto, podemos investigar, ya que esto significa que hay algo. Pero su naturaleza esencial está vacía de una existencia inherente; el vacío es la naturaleza del objeto. Debido a este vacío, el objeto aparece y desaparece. El ser nace y desaparece; el sufrimiento viene y va, lo mismo que la felicidad. Todas estas cosas, todos estos cambios, el aparecer y desaparecer, son posibles por el vacío, por la naturaleza de la no existencia independiente. Si el sufrimiento, tanto como la dicha, fueran independientes, entonces no podrían cambiar. Si no dependieran de causas y factores, no cambiarían. Porque existe esta realidad del vacío, es posible que los cambios y las transformaciones de los objetos que están vacíos tengan lugar. Y el mismo cambio y transformación de los objetos en sí son una indicación de la realidad del vacío.

No estoy diciendo que para generar una conciencia que surja de escuchar o de pensar en la naturaleza del vacío sea necesario que antes se haya entrenado en la meditación estabilizadora. Lo que digo es que para generar una conciencia que surge

de la meditación y de la comprensión del vacío, sí
es necesario, en un principio, el entrenamiento en
la meditación estabilizadora.

Para superar las distracciones de la mente, es
necesario trascender las distracciones del cuerpo y
de la palabra a través de una ética adecuada. Por
ello, la disciplina ética debe explicarse primero.
Pero la serie de grados se expone en una serie de
prácticas. Esta es la explicación de cómo evitar los
dos extremos en relación a los tres entrenamientos.

Ustedes, nuevos budistas de la sociedad occidental, también necesitan evitar los dos extremos. Uno
de estos sería aislarnos completamente de la vida
común y de la sociedad. Es lo mismo. Es mejor permanecer dentro de la sociedad y llevar un estilo de
vida normal. Esta es mi opinión.

Y el otro extremo sería absorbernos por completo
en esta vida mundana, obsesionarnos por hacer
dinero, a tal grado que nos volviéramos parte de
una máquina. De modo que tenemos que evitar
estos dos extremos.

❂

Así que mi verdadera religión es la bondad. Si la practicamos en nuestra vida, no importa si sabemos mucho o poco, si creemos en la próxima vida o no, en Dios o en Buda o en cualquier otro tipo de religión; en nuestra vida cotidiana tenemos que ser compasivos. Con esta motivación, tampoco importa si somos practicantes, abogados o políticos, administradores, obreros o ingenieros. Cualquiera que sea nuestra profesión o campo de trabajo, lo realizaremos con profesionalismo. Por lo pronto, profundamente, seremos bondadosos. Esto es muy útil en nuestra vida diaria.

Desde mi punto de vista, todas las cosas se originan en la mente. Las cosas y los eventos dependen en gran medida de la motivación. Un verdadero sentido de compasión, de amor y aprecio por la humanidad son los puntos clave. Si desarrollamos un corazón bondadoso, entonces la ciencia, la agricultura, la política o cualquier otra área de acción mejorarán debido a tan importante motivación. Un buen corazón es importante y eficaz en la vida cotidiana. Si los miembros de una familia pequeña, aunque no tenga hijos, tienen un corazón cálido, crearán un ambiente de paz. Sin embargo, si uno de ellos está enojado, inmediatamente el ambiente de la casa se tensa. Aunque haya buena comida o un buen equipo de televisión, se perderá la calma y la paz. Esto quiere decir que las cosas dependen más de la mente que de la materia.

Podríamos preguntar: ¿Cómo llegan a existir los diferentes niveles de la conciencia o de la mente que aprehenden un objeto? Los diferentes niveles de conciencia establecidos están en relación con los diferentes niveles de sutileza de la energía interior que activa y mueve la conciencia hacia un determinado objeto. Así, el nivel de su sutileza y de su fuerza para mover la conciencia hacia un objeto, determina y establece los diferentes niveles de conciencia. Es muy importante reflexionar sobre la relación entre la conciencia interior y la substancia material externa. Muchos filósofos orientales, y en especial el budismo, hablan de cuatro elementos: tierra, agua, fuego y aire, o cinco contando el espacio. Los primeros cuatro, la tierra, el agua, el fuego y el aire, están sustentados en el elemento del espacio, el cual les permite existir y funcionar. El espacio o "éter" sirve, entonces, como la base del funcionamiento de todos los demás elementos.

Estos cinco elementos se pueden catalogar en dos tipos: los cinco elementos externos y los cinco elementos internos, y existe una relación definitiva entre ambos. En cuanto al elemento del espacio o "éter," según ciertos textos budistas como el Tantra de Kalachakra, el espacio no es solamente un vacío absoluto, vacío de todo por completo, sino que se le refiere en términos de "partículas vacías." Esta partícula vacía sirve como base para la evolución y disolución de los otros cuatro elementos. Los genera y finalmente los reabsorbe. El proceso de disolución se desarrolla en este orden: tierra, agua, fuego y aire; el proceso de generación en el siguiente: aire, fuego, agua y tierra. A estos cuatro se les comprende mejor como: solidez (tierra), líquido (agua), calor (fuego) y energía (aire). Los cuatro elementos se generan desde el nivel más sutil hasta el más denso, sobre la base de partículas vacías y se disuelven desde el nivel más denso hasta el sutil en estas mismas partículas. El espacio, o la partícula vacía, es la base de todo este proceso.

El modelo del "Big-Bang" del comienzo del universo tiene probablemente algo en común con esta partícula vacía. También la partícula más sutil, más fina, descrita en la física moderna es parecida a la partícula vacía. Estas semejanzas presentan algo sobre lo cual siento que valdría la pena reflexionar.

Desde el punto de vista espiritual del budismo, el estado de nuestra mente, ya sea disciplinada o no, produce lo que se conoce como karma. Esta idea la comparten muchas filosofías orientales. Karma, que significa acción, tiene una influencia particular sobre los elementos internos que a su vez afectan a los elementos externos. Esto también requiere de más investigación.

Otra área del budismo tibetano que puede ser de interés para los científicos, es la relación entre los elementos físicos, los nervios y la conciencia, en especial la relación entre los elementos en el cerebro y la conciencia. Aquí están involucrados los cambios en la conciencia, los estados mentales de felicidad o desdicha, etc., el efecto que tienen sobre los elementos dentro del cerebro y los consecuentes efectos sobre el cuerpo. Ciertas enfermedades físicas se mejoran o se empeoran según el estado mental. En cuanto a la relación entre el cuerpo y la mente, el budismo definitivamente tiene mucho que contribuir a la ciencia moderna.

El budismo también explica, con gran precisión, los diferentes grados de sutileza dentro de la conciencia misma. Estos se describen claramente en los Tantras y en mi opinión, su investigación produciría resultados muy benéficos. La conciencia se clasifica, según su nivel de sutileza, en tres niveles: el estado despierto o nivel de conciencia más denso, la conciencia del estado del sueño que es más sutil y la conciencia durante el sueño profundo, sin sueños, que es aún más sutil.

Similarmente, los tres estados de nacimiento, muerte y el estado intermedio también se establecen en términos de la sutileza de sus niveles de conciencia. Durante el proceso de la muerte, la persona experimenta la más profunda conciencia sutil; la conciencia se vuelve más densa después de la muerte en el estado intermedio y progresivamente más densa durante el proceso del nacimiento. El renacimiento y la reencarnación se establecen en base a la continuidad del flujo de la conciencia. Existen actualmente una serie de casos bien documentados de individuos que recuerdan con claridad sus vidas pasadas y me parece que valdría mucho la pena investigar este fenómeno, con la idea de expandir el conocimiento humano.

Los seres humanos son de tal naturaleza que no solamente deberían tener facilidades materiales sino también sustento espiritual. Sin él es difícil obtener y conservar la paz mental[1]

Para tener sabiduría, es necesario poseer fuerza interior. Sin un desarrollo interno, podemos perder la confianza en nosotros mismos y el valor. Si perdemos estas cosas, la vida será difícil. Lo imposible puede ser posible con fuerza de voluntad.

Para acrecentar nuestra compasión nos podemos visualizar, primero, como una persona neutral. Después, a la derecha, visualizar a nuestro yo anterior como alguien que busca su propio bienestar, que no piensa en los demás, que se aprovecharía de cualquiera si tuviera la oportunidad y que nunca está satisfecho. Visualicemos así a nuestro antiguo yo, a la derecha.

Luego, junto a esa persona neutral, visualicemos a un grupo de individuos que realmente están sufriendo y necesitan ayuda. Ahora piensen: Todos los seres humanos aspiramos naturalmente a la felicidad y deseamos evitar el sufrimiento. Todos los seres tienen el mismo derecho a ser felices y deshacerse del sufrimiento. Ahora piensen —sabiamente, sin egoísmo— y aunque tenga que existir un poco de egoísmo, piensen de una manera ampliamente egoísta, no con un egoísmo estrecho: Todos quieren la felicidad; nadie desea la estupidez ni a esa clase de persona egoísta e insatisfecha.

Vemos así que si deseamos ser una buena persona, más razonable y lógica, entonces no queremos ser como esta persona egoísta y de criterio estrecho. No queremos estar con este individuo solo, egoísta, voraz e insatisfecho. Es casi como marcar una línea entre la persona aislada y egoísta y el grupo: nosotros queremos unirnos al grupo.

Al practicar esta técnica de visualización, naturalmente la mayoría gana nuestro corazón. Cuanto más nos acerquemos a ella, más nos alejamos de este egoísmo. Como nosotros somos el mediador, nuestro sentido del altruismo crece más y más. Si practicamos así todos los días, será de gran ayuda.

Es muy triste utilizar el cerebro humano en algo de poca importancia. Es muy triste dedicar nuestro tiempo a preocuparnos tan sólo por los problemas de esta vida hasta el momento de la muerte. Es muy triste y muy débil. Debemos decidir que es completamente perverso. Cuando pensamos así, el énfasis en esta vida se debilita. Se dice que debemos renunciar a esta vida. Esto no significa que debamos dejar de comer o descuidar nuestra vida, sino que debemos reducir el apego a los asuntos que están limitados a ésta. Ahora, al reducir el énfasis en la apariencia de esta vida la apariencia de las vidas futuras viene a nuestra mente, y es necesario investigarlas también. Porque en el futuro, aunque uno obtenga una buena vida, habrá una vida después de ésa y otra después de aquélla.

Si dominamos nuestra mente, vendrá la felicidad. Si no lo hacemos, no habrá modo de ser feliz. Es necesario poner en orden la mente. Cometemos errores cuando las emociones aflictivas la invaden y nos conducen a las malas acciones, etc. Pero si estas emociones aflictivas que surgen en la extensión de la naturaleza de la mente pueden disolverse en ella otra vez, entonces las emociones que nos afligen, los actos y las consecuencias que emanan de ellas cesarán. Como dijo Milarepa, "Como nubes que aparecen en el espacio y desaparecen nuevamente en él."

Si nuestra mente se ve dominada por el enojo desperdiciaremos la mejor parte del cerebro humano: la sabiduría, la capacidad de decidir entre lo que está bien y lo que está mal. El enojo es uno de los problemas más serios que el mundo enfrenta hoy.

Todas las grandes religiones son básicamente lo mismo ya que todas subrayan la paz mental y la bondad: pero es muy importante practicar esto en nuestra vida diaria, no únicamente en la iglesia o en el templo.

✪

No tiene sentido estar apegado exclusivamente a esta vida, ya que por muy larga que sea, no podemos vivir más de cien años; deberemos entonces morir. Pero en realidad no sabemos cuándo sucederá esto. Por lo que no importa cuánta riqueza o recursos acumulemos en esta vida, en ese momento no nos servirán de nada.

Podemos ser muy ricos, millonarios o billonarios, pero el día de nuestra muerte no importa cuánto dinero tengamos en el banco, no podremos llevarnos ni siquiera un poco. La muerte de un hombre rico y la muerte de un animal salvaje son iguales.

✪

La mente de la iluminación es el deseo de una iluminación clara, completa y perfecta, para el bien de los demás. Al cultivar en detalle esta mente altruista de iluminación, que tiene tanto la intención de ayudar a otros, como de obtener la iluminación propia para poder servir, nos encontramos con dos corrientes de transmisión de la instrucción. Una es la de Asanga, *Las siete instrucciones de causas y efectos* y la otra es *El intercambio del yo por el otro*, transmitido a Shantideva por Nagarjuna, siendo el primero quien lo explica en detalle.

El camino del bodisatva de Shantideva es realmente excelente. Nagarjuna también explica un camino breve y fundamental en su *Guirnalda preciosa*. Podemos utilizar la *Guirnalda preciosa* como el texto raíz y utilizar el de Shantideva como su explicación. Para aquellos que quieran generar esta mente altruista de la iluminación, estos textos son realmente necesarios.

Durante la meditación se debe cultivar una actitud de ecuanimidad y meditar en todos los seres sintientes como si fueran madres, padres, hermanos y hermanas. Una vez generada esta ecuanimidad hacia los tres seres, habiendo trascendido el

79

deseo y el odio, uno necesita deshacerse de la indiferencia que se puede presentar al ver a la gente con igualdad. Hay dos maneras de lograrlo: una desarrollando el sentido del altruismo, deseando ayudar a los que buscan la felicidad y no el sufrimiento y la otra reflexionando sobre la bondad de esa gente hacia nosotros. Es mediante la reflexión de cómo los seres sintientes nos han ayudado, cómo han sido nuestras madres y nuestros padres a lo largo de un continuo de vidas y del darnos cuenta que no sería justo negarles la ayuda que necesitan, que podemos generar este deseo altruista que busca el bien y la felicidad de todos los seres sintientes.

Cuando uno se acostumbra a este tipo de pensamiento, gradualmente se puede entrenar la mente. Alguien que es extremadamente egoísta, pero que comienza a cultivar estos hábitos, poco a poco se vuelve más generoso. Es así como uno genera el sentido del altruismo.

Si en toda situación, sin importar lo que la mente esté haciendo, desde un rincón de la mente aspiramos intensamente al bienestar de los seres sintientes y buscamos nuestra iluminación para su beneficio, entonces ya hemos generado una mente altruista, iluminada y plenamente calificada. Cuando generamos esta clase de realización, el mundo entero no comienza a girar alrededor de ella, sino que es nuestra disposición la que cambia poco a poco, gradualmente.

Si cultivamos esta actitud lenta, constantemente, durante un período de tiempo, después de cinco o diez años, al considerar nuestra vida, nuestra manera de pensar, etc., al comparar cómo era antes y cómo es ahora, podremos notar la diferencia.

La liberación no se puede buscar afuera, a través de algo externo —como si alguien pudiera dárnosla. Cuando uno alcanza la liberación mediante la eliminación de todas las emociones que nos perturban, no importa a qué condiciones externas nos enfrentemos, ya no generaremos ninguna de estas e-mociones aflictivas. Por lo tanto ya no acumularemos ningún karma nuevo. Hemos detenido el ciclo.

En consecuencia, el logro o el fracaso de la emancipación depende de deshacernos o no de las emociones aflictivas, siendo la ignorancia la más importante de todas. El proceso de liberación depende entonces de la supresión de las emociones aflictivas, lo cual depende de la sabiduría. La sabiduría, a su vez, depende de la intención de abandonar definitivamente la existencia cíclica. Al principio esta intención es muy importante.

En el campo de la relaciones internacionales es particularmente necesario el sentido de una responsabilidad mayor o más compartida. Hoy en día, cuando el mundo se vuelve cada vez más interdependiente, el peligro de un comportamiento irresponsable crece dramáticamente. En la antigüedad, los problemas por lo general tenían una dimensión familiar y se solucionaban a ese nivel. A menos que nos demos cuenta de que ahora formamos parte de una gran familia humana, no podemos esperar lograr la paz y la felicidad. Los problemas de una nación no pueden ser solucionados en forma aislada, ya que dependen en gran medida de la cooperación de otros estados. Por lo tanto, no sólo es moralmente incorrecto, sino que pragmáticamente hablando es poco inteligente que los individuos, tanto como las naciones, persigan su propia felicidad sin considerar las aspiraciones de aquellos que los rodean. Un camino sabio debe estar firmemente basado en la búsqueda del compromiso que nace del interés mutuo, para nuestro propio beneficio.

Si llegan al punto en el que parte de su mente está continuamente comprometida con el deseo de obtener la más elevada iluminación para bien de los seres sintientes, entonces es el momento en el que esta mente altruista de iluminación necesita unirse con el auténtico rito de la mente generadora —el rito del deseo de generar la mente iluminada.

Una vez hecho esto, necesitamos disciplinarnos en las causas que previenen que esa aspiración mental se deteriore en esta vida o en las futuras. No es suficiente sólo generar esta aspiración. Necesitamos generar la mente de iluminación verdadera, la auténtica intención de iluminarnos para beneficio de todos. La intención sola no es suficiente. Debemos entrenarnos para comprender que es necesario practicar para alcanzar la plena iluminación, siendo ésta la práctica de las seis perfecciones (generosidad, ética, paciencia, esfuerzo, concentración y sabiduría) o la de las diez perfecciones.

Habiéndonos entrenado en el deseo de generar una mente auténtica de iluminación, es necesario tomar los votos de Bodisatva. Si habiéndolos tomado, nuestra práctica como bodisatvas es buena, entonces nos podremos introducir a la práctica del Tantra o del Mantra.

El Buda abandonó todas las comodidades de una casa y se volvió monje, retirándose del mundo, meditando, etc., para indicarnos, a nosotros sus seguidores, lo que debemos hacer. Si el Buda tuvo que trabajar tanto para alcanzar la realización, es bastante improbable que nosotros la podamos lograr tomándola a la ligera.

Es muy fácil explicar y hablar acerca del Darma, pero es muy difícil practicarlo. Sin embargo, si no lo hacemos, es imposible que la fruta madure sólo a través de explicaciones. Si la causa se explica únicamente a través de la palabra, el efecto también será meramente verbal, y eso no ayudaría mucho ¿verdad? Cuando tenemos hambre, lo que necesitamos es comer. No nos ayuda que alguien nos diga, "La comida francesa es exquisita, la inglesa es excelente," etc. Después de un rato nos cansaremos de esa persona y corremos el riesgo incluso, de enojarnos con ella. Cuando les señalo el camino de la emancipación, ustedes necesitan ponerlo en práctica. Shantideva dice, "Lo mismo sucede con la meditación, no es suficiente tocarla, es necesario ingerirla."

Para generar la idea de abandonar la existencia cíclica, se necesitan conocer las cualidades positivas de la emancipación y los defectos de la existencia cíclica que queremos dejar. Pero ¿qué es la existencia cíclica? Como dice Dharmakirti, se puede afirmar que es el peso de los agregados mentales y físicos que surgen de las acciones contaminadas. Por lo tanto, la existencia cíclica no se refiere a ningún tipo de país o zona. Al examinar esta existencia cíclica, la podemos identificar como la carga de estos agregados físicos y mentales, producto de nuestras propias acciones contaminadas y de nuestras emociones aflictivas.

Una vez adquiridos, estos agregados contaminados funcionan como la base de nuestro sufrimiento en el presente. Ya que están bajo la influencia de previas acciones contaminadas y de emociones aflictivas no tienen poder propio.

El que no estén bajo su propio poder significa que, aunque queramos la felicidad y no el sufrimiento, nos acosan muchos sufrimientos. Esto se debe a que tenemos este tipo de mente y de cuerpo que se encuentran bajo la influencia de las acciones y angustias contaminadas. Estos agregados mentales y físicos contaminados también inducen el sufrimiento en el futuro.

Todas las religiones del mundo tienen los mismos ideales de amor, la misma meta de beneficiar a la humanidad a través de la práctica espiritual y el mismo efecto de hacer de sus seguidores mejores seres humanos. La meta común de todos los preceptos morales expuestos por los grandes maestros de la humanidad es la disolución del egoísmo. Todas las religiones están de acuerdo en la necesidad de controlar la mente indisciplinada que aloja el egoísmo y otras raíces de problemas. Y cada una, a su manera, enseña el camino que conduce a un estado espiritual lleno de paz, disciplina, ética, y sabiduría, ayudando así a los seres vivientes a evitar la miseria y alcanzar la felicidad. Por estas razones, siempre he pensado que todas las religiones, en esencia, tienen el mismo mensaje. Por lo tanto, existe una gran necesidad de promover un mayor entendimiento entre las religiones, que nos conduzca a un desarrollo de respeto mutuo entre las diferentes fes. Creo también, por obvias razones, que la religión tiene mucho que ofrecer para la obtención de la paz.

Hablamos mucho sobre la paz. Pero ésta sólo puede existir cuando el ambiente es propicio. Debemos crear esta atmósfera. Para hacerlo debemos adoptar la actitud correcta. La paz, básicamente, debe nacer primero en nosotros mismos. ¿Y por qué debemos esforzarnos por la paz? Por la sencilla razón de que a largo plazo la paz es de gran beneficio para nosotros y por ello la deseamos.

Las siguientes preguntas y respuestas se recopilaron de numerosas conferencias tanto públicas como privadas, de seminarios académicos, entrevistas privadas y conferencias de prensa del Dalai Lama.

P. *¿Cómo siente que se está practicando el budismo tibetano en América?*

R. Lo importante es captar la esencia. En el budismo tibetano hay una gran variedad de prácticas y muchos métodos diferentes. Todos son buenos. Al mismo tiempo, mientras se obtiene la esencia, pueden haber ciertas formas tradicionales de práctica que posiblemente tengan que cambiar para ajustarse al nuevo medio ambiente o estructura social. En el pasado, cuando una religión era llevada de su país de origen a una tierra nueva, se transmitía la esencia. Después, en la nueva tierra, se desarrollaba y se ajustaba a las nuevas circunstancias. Algo similar debe suceder con el budismo tibetano. De modo que la responsabilidad es de ustedes... Yo no sé.

P. *¿Cree usted que Occidente puede aprender de los tibetanos?*

R. Yo creo que sí.

P. *A usted lo entrenaron para ser monje desde su infancia. ¿Sería bueno entrenar a los niños americanos desde muy temprana edad, o es mejor esperar hasta más tarde?*

R. Hay dos formas de introducir al budismo: una es a través de la fe y otra es a través del razonamiento. En el presente —en este siglo, en esta tierra, en esta época— para un budista la fe por sí sola no es suficiente. Por lo que el razonamiento es muy importante. Por ello, sería mejor esperar a entrenarlos más tarde. Sin embargo, sí habría diferencia si el niño tuviera esta influencia dentro de su familia desde una edad temprana.

P. *La educación occidental se concentra principalmente en el individuo. Nos enfocamos para triunfar muy rápido y llegar muy alto. ¿Nos puede ofrecer una enseñanza sencilla sobre la responsabilidad social?*

R. Creo que se debe explicar la estructura básica de la comunidad humana, de la especie humana... es necesario enseñar que como seres humanos necesitamos un cierto sentido de responsabilidad hacia los demás. ¿Se les puede inculcar esto a los niños? Enséñenles a ser bondadosos con los insectos. Ya es tiempo de que los mayores escuchen la voz de los niños. Verán, en la mente del niño no hay separación entre las diferentes naciones; no hay distinción entre los diferentes sistemas sociales o ideologías. Los niños saben, en su mente, que todos los niños y seres humanos son iguales. Por lo tanto, desde este punto de vista, su mente no tiene tantos prejuicios. Después, al crecer, la gente empieza a decir, "nuestra nación, nuestra religión, nuestro sistema." Cuando se crea una separación entre "nosotros" y "ellos," la gente ya no se molesta en preocuparse por lo que les pasa a los otros, a excepción de "nosotros" o "yo." Es más fácil inculcar la responsabilidad social a un niño que a un adulto. Es una idea noble. Es muy importante introducir estas ideas correctas, no como materia religiosa, sino sencillamente como algo que nos ayuda a acrecentar nuestra felicidad, nuestro futuro éxito. Podemos tomar un ejemplo de los libros de historia: aquellos que son demasiado crueles, demasiado egoístas y solo piensan en sí mismos, podrán obtener fama y ciertos privilegios temporales. Pero nadie siente mucho respeto por gente como Hitler o Stalin. En un momento dado podrán tener mucho poder, pero éste proviene de la crueldad y la agresión. Esa no es la fama correcta y nadie la respeta. En otros casos, la fama de gente como Abraham Lincoln o Mahatma Gandhi viene de un lugar distinto, de un aspecto diferente. Todos respetan su trabajo.

Así, inculquemos a los niños la importancia, el valor y el beneficio del pensamiento positivo, de la bondad y del perdón.

El cariño paternal, el contacto físico, la ternura amorosa hacia todos los seres vivos, la responsabilidad social y la atención especial a los menos privilegiados, todos estos son conceptos que ya conocemos. No son difíciles de entender, pero su práctica a menudo se olvida. En esta época en que hay un gran énfasis en la vida hogareña, la familia, el bienestar personal y la ayuda a los desamparados, éstos son principios que todos podríamos aplicar. Por el bien de nuestros hijos, recordemos enseñarles la bondad.

P. *¿Cree usted que el budismo tibetano practicado en América sea auténtico?*

R. Eso depende mucho de los que lo están enseñando, de aquellos que están transmitiendo la enseñanza.

P. *¿Hay algunos que son más auténticos que otros?*

R. Responderé explicando el budismo. En general, en el budismo se dice que no debemos confiar en la persona, sino en la doctrina. Así mismo, que la persona sea confiable o no, depende de lo que está diciendo. Uno no debe dejarse llevar sólo por su fama. Por lo tanto, alguien que va a practicar el budismo tendrá que hacer un análisis profundo. Si habiéndolo realizado, encuentra que es confiable y de beneficio entonces es conveniente que se comprometa con esa práctica. Se dice que aunque nos tome doce años hacer tal análisis, aún así es conveniente. Esa es nuestra actitud en general. No puedo decir nada acerca de casos particulares. Pero mucha gente está sirviendo a la enseñanza budista y eso es bueno. Al mismo tiempo, es importante ser cauteloso. En el pasado, en nuestro propio país y también en China, Mongolia y Rusia, los monasterios budistas eran originalmente centros de aprendizaje. Eso era muy bueno. En algunos casos, por la influencia social, algunos centros se corrompieron. A veces, se dedicaron más al negocio y a hacer dinero que a la religión. Por lo mismo, en el futuro debemos tener cuidado. También aceptamos la crítica constructiva de nuestros amigos. Es muy importante. No debemos creer demasiado en los elogios —la crítica es muy necesaria.

P. *En Occidente existe una fuerte sensación de que para que algo sea bueno, debe tener algún concepto de*

permanencia. Las religiones originadas en la India no
poseen esto y creo que ese es el problema fundamental
que tiene Occidente para comprender estas otras formas
de pensamiento.

R. El propósito de la religión no es la discusión.
Si las buscamos, podemos encontrar muchas
diferencias. No tiene sentido hablar de ellas. Buda,
Jesucristo y todos los demás grandes maestros
crearon sus propias ideas, sus enseñanzas, con una
motivación sincera, con amor y bondad por la humanidad y las compartieron con el afán de benefi-
ciarla. No creo que estos maestros hayan hecho
esas diferencias para crear más problemas.

Hago distinción para que tengan paz en su propia
mente, no para criticar, ni para argumentar o com-
petir. Los budistas no pueden hacer que toda la
población mundial se vuelva budista. Eso es imposible. Los cristianos no pueden convertir a todos
los hombres al cristianismo. Y los hindúes no pueden
gobernar a toda la humanidad. Si analizamos con im-
parcialidad, nos daremos cuenta de que a lo largo de
los siglos, cada fe, cada gran enseñanza, ha servido
mucho a la humanidad. Así que es mucho mejor
hacer amigos, comprendernos mutuamente y hacer
un esfuerzo para servir a la humanidad más que
criticar y discutir. Esta es mi creencia.

También, si digo que todas las religiones y filosofías son lo mismo, sería hipócrita y falso. Existen diferencias. Creo que hay un cien por ciento de posibilidad lograr la verdadera paz, de ayudar hombro con hombro y de servir a la humanidad. Tampoco tenemos la responsabilidad ni el derecho a imponernos sobre un no creyente. Lo que es importante es que tanto el no creyente como el creyente son seres humanos; debemos tener un gran respeto mutuo.

P. *¿Es posible la armonía mundial?*

R. Ya sea que podamos lograr la armonía mundial o no, no tenemos otra alternativa más que trabajar hacia esa meta. Es la mejor que tenemos.

P. *Con esta visión de la unidad mundial, ¿existe en su tradición alguna predicción de que tal evento se realice o algún registro de que haya existido en el pasado?*

R. No.

P. *Los individuos casi nunca dicen que están a favor de la guerra, pero la hacen. ¿Por qué?*

R. Básicamente, por ignorancia. Existen muchos estados mentales diferentes. Es necesario el razonamiento cuando la mente es emotiva y los pensamientos de enojo, odio y apego son fuertes. Entonces es imposible razonar. Cuando estos sentimientos forman parte de la atmósfera general, casi siempre hay una tragedia.

P. *¿Cree usted regresar algún día a un Tibet libre?*

R. Por supuesto.

P. *¿Cómo?*

R. El tiempo lo dirá. Sólo puedo decir que las cosas sí cambian y ahora ya existe la comunicación.

P. *¿Qué es lo que le gustaría que hicieran los americanos respecto a la presencia China en Tibet?*

R. Estamos luchando por nuestra propia felicidad, por nuestros propios derechos. Después de todo, los tibetanos somos seres humanos. Tenemos el derecho a vivir como una hermandad humana, a lograr nuestra felicidad. Para la gente de este país la emancipación, la libertad, son de gran importancia, y también nosotros las deseamos.

P. *¿Cómo sugiere que nosotros, como gente espiritual, podamos influir espiritualmente hablando prácticamente, en los asuntos políticos?*

R. Esta es una pregunta difícil. La atmósfera no es sana. Todo el mundo habla de la paz, pero cuando se trata del interés personal, a nadie le preocupa la guerra, la masacre, el robo, etc. Es la realidad. Bajo estas circunstancias, debemos ser moderados y prácticos. Necesitamos una política a largo plazo. Creo profundamente que podemos encontrar algún tipo de sistema educativo para las generaciones más jóvenes que subraye el amor, la paz, la hermandad, etc. Uno o dos países no pueden lograrlo; tiene que ser un movimiento mundial. Así que prácticamente nosotros, que creemos en la ética, debemos vivir nuestra vida como algo verdadero, razonable y hacer de ella un ejemplo, una muestra del valor de la religión y de la espiritualidad. Eso lo podemos hacer y es nuestra responsabilidad. Antes de enseñar a otros, antes de cambiar a otros, nosotros mismos debemos cambiar. Tenemos que ser honestos, sinceros, de buen corazón. Es muy importante y esto no se refiere únicamente a su pregunta. Es responsabilidad de toda la raza humana.

P. *¿Cuál es la posición del budismo ante la reforma social?*

R. Una de las filosofías budistas básicas es la teoría de la interdependencia. En el budismo se determinan muchas clases de bueno y malo, de beneficio y perjuicio en cuanto a la situación real en el momento particular. Por lo tanto, es difícil decir, en relación a muchos temas, que sólo un camino en particular es el correcto. Por eso tiene que haber muchos cambios.

P. *¿Ante quién es responsable el individuo, o cuáles son los motivos de su responsabilidad moral?*

R. Buscamos comportarnos correctamente porque una buena actitud produce buenos frutos. La razón principal es que uno busca la felicidad y no desea el sufrimiento y en función de esto, uno realiza buenas acciones y evita las malas. La bondad o la maldad de los actos la determina su fruto. Esta es la doctrina budista del karma y de los efectos de toda acción. En esto es similar al hinduismo.

P. *¿Es importante la intención de una acción?*

R. Sí, por supuesto. La motivación es lo más importante, el punto clave. Hacemos diferencias en el karma, por ejemplo, cuando uno no tiene la motivación pero ha cometido el acto, o tiene la motivación pero no ha cometido la acción, o ambos, o ninguno.

P. *Ha habido colapso en las instituciones— en la religión y en la familia. ¿Cómo cree que podamos invertir esta tendencia?*

R. A través de la ética, la consideración y la paciencia y de mayor y mayor tolerancia mutua y por supuesto, de la compasión. Primero que nada, antes de que la gente se case, debería estar decidida, ser cautelosa, no comprometerse rápida y caprichosamente y gradualmente asumir el sentimiento correcto por una vida y un ambiente familiar. Siento que esto es extremadamente importante. Cuando veo a un niño de padres divorciados me da mucha pena porque siento que de alguna manera se verá afectado para el resto de su vida.

P. *¿Qué responsabilidad tienen los budistas al tratar con gente que provoca sufrimiento?*

R. Debemos intentar detenerla.

P. *¿Es la diferencia entre el ser empírico y el ser como es en realidad, lo que tienen en común todas las religiones?*

R. Respecto a esto existen diferencias en las escuelas budistas. Hay varias posiciones con respecto a lo que es el "yo." ¡Ocho interpretaciones distintas! Todo el mundo acepta que hay un "yo," percibido tanto por aquellos cuya mente ha sido afectada por un sistema como por los que no, y si alguien niega este "yo" esta identidad, está en contradicción con la percepción directa. Debido a que el budismo afirma la ausencia del ego, cuando uno no comprende la palabra "identidad" o lo que significa la ausencia del ego, se corre el peligro de pensar que no hay un "yo" o una identidad en ningún sentido. Si uno no aceptara al "yo" o al ser, en ninguna forma, estaríamos cayendo en el extremo del nihilismo.

P. *Usted parece ser un hombre lleno de esperanza. En el pasado, hemos tenido tragedias tan grandes como el holocausto, como las naciones totalitarias, o como el maltrato de este mismo país a los americanos nativos; sin embargo, usted tiene esperanza. ¿En qué se basa?*

101

R. La esperanza es la base de la esperanza. Lo que quiero decir es que no hay ninguna garantía, pero es mejor tener esperanza y hacer el esfuerzo. De hecho, nuestra forma de vida fundamental se basa en la esperanza. La esperanza a largo plazo es que la verdad dominará. Históricamente, hemos padecido todas esas luchas terribles, pero ésta permanece por siempre; tarde o temprano cesa, disminuye.

P. *Su Santidad, ¿su exilio del Tibet ha provocado cambios en la filosofía tibetana?*

R. ¿En la filosofía? No creo. La filosofía budista se basa en el razonamiento. La filosofía es el punto central de mi país. La esencia del Darma no cambiará. Mientras la realidad sea la misma, la filosofía permanecerá igual. Mientras los seres humanos se enfrenten al sufrimiento, habrá Darma, el cual se ocupa no sólo de los seres humanos sino de todos los seres sintientes que se encuentran en esta condición.

P. *A nivel nacional ¿el altruismo corre el riesgo del sacrificio? ¿Cómo practica el altruismo con un vecino que busca destruirlo?*

R. Esta es una pregunta complicada. Desde esta perspectiva nuestra segunda generación, la de los refugiados, es más problemática. Verán, sería mejor olvidar que mantener vivo el odio, pero es muy complejo, porque en el futuro no sabemos dónde estaremos. Sin embargo, no tenemos otra alternativa más que pensar que debemos hacer algo para que crezca la bondad. Tenemos que pensar y trabajar para crear un mundo nuevo.

Actualmente, en nuestra vida no podemos saber si mañana estaremos vivos, pero continuamos nuestras actividades cotidianas con la esperanza de sobrevivir.

Aunque no sabemos lo que nos depara el futuro, debemos hacer algo o tratar de hacer algo. Eso es lo correcto.

P. *Su Santidad, ¿podría explicarnos cómo será elegido su sucesor, dados los cambios en la situación del Tibet, en contraste a como fue escogido, según nos lo explicó? ¿y puede explicar los cambios que podrían existir en la sucesión del linaje?*

R. Eso no me preocupa. Si los tibetanos sienten la necesidad de escoger a otro Dalai Lama, muy bien, entonces lo elegirán. Si no lo sienten necesario o conveniente, entonces no habrá otro Dalai Lama. Pero esa no es mi responsabilidad. Espero estar aquí durante un tiempo más. Pero la elección de otro Dalai Lama es responsabilidad de la próxima generación.

P. *Usted ha hablado de los conceptos de bondad, de egoísmo, de sufrimiento y de felicidad, principalmente desde el punto de vista del individuo. ¿Pero cómo logran las naciones la bondad, la generosidad y la felicidad? ¿Cómo se pasa del individuo al grupo? ¿Cómo se puede hacer altruista a un grupo?*

R. Los grupos están compuestos de individuos. Hoy en día nuestra atmósfera y medio ambiente padecen muchas tensiones, no están en paz. En nuestro ambiente actual, las cosas se deciden mediante el dinero y el poder. Eso no está bien y es por nuestra forma de pensar. Para cambiarla, primero tenemos que intentar desarrollar ciertas cualidades humanas. Antes que nada, necesitamos un ejemplo de una buena actitud y una manera correcta de actuar, de persona a persona, individualmente y entonces, gradualmente, con el tiempo, formar grupos que tengan esta misma actitud. Ahora, ¿cómo utilizamos esta educación? Si alguien es realmente altruista, en la medida en que conozca los diferentes tipos de sufrimiento, podrá ponerla en práctica para ayudar a otros.

P. *Su Santidad, ¿podría darnos un breve esbozo de cómo llegó a su misión espiritual en su vida?*

R. Siento que mi misión es, donde quiera que esté, expresar mis sentimientos acerca de la importancia de la bondad y el verdadero sentido de la fraternidad. Esa es mi creencia, y yo mismo la practico. Insisto en esto con la comunidad tibetana y les explico la importancia de la bondad, la necesidad de desarrollar menos apego, más tolerancia y contentamiento. Es muy útil y muy importante. Generalmente, a donde voy, ya sea a los Estados Unidos, a Europa o a Mongolia, subrayo la importancia de la bondad y siento que en su mayoría la gente está de acuerdo con mis sentimientos. Siento que comparten mi visión.

En cualquier caso, estoy tratando desde mi lugar, de subrayar la verdadera fraternidad humana. Siento que la armonía se basa en un sentido verdadero de la hermandad. Como budista, realmente no importa si somos creyentes o no, educados o no, orientales u occidentales, del Norte o del Sur, mientras seamos seres humanos con la misma carne y las mismas características. Todos deseamos la felicidad y no la pena, y tenemos todo el derecho de lograrla.

A veces los humanos le damos demasiada importancia a las cuestiones secundarias, como la diferencia entre los sistemas políticos, económicos o raciales. Parece que existe una gran discriminación por estas diferencias. Pero comparativamente hablando el bienestar fundamental del hombre no se basa en estas cosas. Por eso siempre trato de entender los verdaderos valores humanos. Todos estos diferentes sistemas filosóficos y religiosos supuestamente deben ayudar a la felicidad humana. Pero algo anda mal cuando ponemos demasiado énfasis en los factores secundarios, en estas diferencias entre los sistemas que deberían servir para la felicidad humana. Cuando los valores humanos se pierden por esto, no es nada bueno.

Así, en pocas palabras, parece que mi misión es propagar la auténtica y genuina bondad y compasión, que yo mismo practico. Me da más felicidad, más triunfo. Si practico el odio, los celos o la amargura, seguramente daré una impresión equivocada. Más tristeza. Sin duda mi sonrisa desaparecería si practicara el enojo. Mientras más practico la sinceridad y la bondad, soy más feliz.

P. *¿Cree usted que exista una visión de la religión que unifique a toda la humanidad?*

R. Creo que es muy útil tener muchas religiones ya que la mente siempre busca diferentes caminos para diferentes inclinaiciones. Es como la comida. Algunos prefieren el pan, otros el arroz y otros la harina. Cada quien tiene un gusto particular, y cada uno come según sus preferencias. Algunos comen arroz, otros harina, pero no discuten. Nadie dice, ¡Ay! ¡usted está comiendo arroz! Así también existe la variedad mental: para ciertas personas la religión cristiana es más útil, más adecuada. Es una creencia básica. Algunos dicen, existe un Dios, un Creador, y todo depende de Sus actos; por lo tanto, Él te debe influenciar. Si esto nos da más seguridad, una mayor fe, preferiremos ese camino. Para algunos esta es la mejor filosofía; para otros el hecho de que en nuestra creencia budista no haya creador y todo dependa de nosotros mismos, es mejor. Verán, si somos dueños de nosotros mismos, todo depende de nosotros. Hay para quienes esta forma de ver las cosas es mucho más conveniente, más adecuada.

Por esta razón es mejor tener una variedad de religiones.

Ahora bien, si estas palabras les ayudan, pónganlas en práctica. Si no, entonces no son necesarias.

ÍNDICE DE FOTOGRAFÍAS

Pág. 12: Su Santidad el Dalai Lama

Pág 20: El Palacio Potala en Lhasa, Tibet, otrora residencia de los Dalai Lamas

Pág. 21: Su Santidad el Dalai Lama, durante su presentación en el programa *Man Alive*, de una cadena televisiva estadunidense

Pág. 32: Su Santidad el Dalai Lama y Paul Cardinal Gregoire, Arzobispo de Montreal.

Pág. 38: Un hombre de Lhasa, Tibet, eleva una fotografía del Dalai Lama como una forma de bendecirse. El regalo más preciado para un tibetano es una imagen del Dalai Lama.

Pág. 42: Un monje tibetano en la India.

Pág. 47: Su Eminencia Ganden Tri Rinpoche, dirigente de la Escuela de Budismo Tibetano Gelugpa, celebrando una ceremonia en un altar en el Museo Newark.

Pág. 49: Su Santidad conversando con una niña durante un convivio en un jardín de niños.

Pág. 52: Su Santidad durante su visita a México, en las Pirámides de Teotihuacán.

Pág. 56: Los monjes Namgyal cuidadosamente colocan granos de arena de colores en una mandala Kalachakra. La Kalachakra es una ceremonia ritual tradicional budista dedicada a la paz y al equilibrio físico tanto individual como mundial. La mandala Kalachakra se elabora para emplearla en esa ceremonia, después de la cual se desintegra.

Pág. 57: La mandala Kalachakra terminada.

Pág. 65: Un monje budista en una danza ritual.

Pág. 68: Su Santidad el Dalai Lama.

Pág. 72: Un monje Namgyal preparando una iniciación frente a una thanka Kalachakra (una pintura religiosa sobre tela).

Pág. 83: Su Santidad impartiendo la iniciación Kalachakra en Madison, Wisconsin, en 1981. Se dice que el Buda ofreció las enseñanzas y bendiciones para esta iniciación en el sur de la India hace 2 500 años.

Pág. 90: Su Santidad el Dalai Lama junto a una imagen de Quetzalcóatl en las Pirámides de Teotihuacán, durante su visita a México.

Pág. 109: Su Santidad el Dalai Lama.

UN MAR DE SABIDURÍA
Primera reimpresión
septiembre 30, 1996
Tiro: 5 000 ejemplares
(más sobrantes para reposición)
Impresión y encuadernación
Arte y Ediciones Terra